IK 9 348

IK 9 348

EXAMEN RAPIDE

DES

DEUX PROJETS DE LOI

Relatifs aux Colonies,

ADRESSÉ A LA CHAMBRE DES DÉPUTÉS.

Par BISSETTE,

MANDATAIRE DES HOMMES DE COULEUR DE LA MARTINIQUE.

> Les colonies seront régies par des lois et des réglemens particuliers.
>
> (*Charte de 1814; Art. 73.*)
>
> Les colonies sont régies par des lois particulières.
>
> (*Charte de 1830; Art. 64.*)

PARIS.

DE L'IMPRIMERIE D'ÉVERAT,

RUE DU CADRAN, N° 16.

—

1835.

EXAMEN RAPIDE

DES

DEUX PROJETS DE LOI

RELATIFS AUX COLONIES,

ADRESSÉ A LA CHAMBRE DES DÉPUTÉS.

———❦———

DU PROJET RELATIF AUX DROITS CIVILS ET POLITIQUES.

Lorsqu'à la révolution de juillet, le Gouvernement sentit la nécessité de sortir la classe des hommes de couleur de l'état d'asservissement et d'ilotisme où l'avait tenue jusqu'alors le système colonial, on créa une Commission au Ministère de la marine pour préparer divers projets de loi (1).

(1) Cette commission était composée de MM. le lieutenant-général Decaen, président, le comte d'Argout, Devaux, de Tracy, Isambert, Zangiacomi, le contre-amiral Jacob, Auguste Billiard, Moiroud, D'Imbert de Bourdillon, Fraissenaud, et Dupont, avocat, secrétaire.

La première pensée du Gouvernement fut de soumettre aux Chambres une loi d'affranchissement; c'était procéder rationnellement. La Commission s'en occupa, et son travail n'est autre que le projet présenté, le 7 septembre 1831, en forme de proposition à la Chambre, par M. de Tracy, l'un des Commissaires. Le Ministre de la marine, pour arrêter la discussion sur ce projet, s'empressa d'en demander l'ajournement, en annonçant à la Chambre, que le Gouvernement devait présenter incessamment un projet de loi sur le même objet, c'est-à-dire, *sur l'affranchissement.* Mais il n'en fut pas ainsi : le Ministre proposa une loi sur les droits civils et politiques, qui devait suivre naturellement celle sur l'affranchissement.

La Commission de la Chambre des Députés, chargée d'examiner cette loi, proposa par l'organe de son Rapporteur, M. Martin, des amendemens dont le but était de réunir dans la même loi ce qui avait rapport, non seulement aux droits civils et politiques, mais encore à l'affranchissement. La session fut trop courte pour que le projet si raisonnable et si simple de la Commission pût être discuté et voté.

Dans l'intervalle de la session, le Ministre rendit l'ordonnance du 12 juillet sur les affranchisse-mens, ordonnance qui, violant l'article 64 de la Charte, a été bientôt elle-même violée par le Gouverneur de la Martinique.

Le 28 décembre dernier, le Ministre présenta à la Chambre des Pairs son projet sur les droits civils et politiques, moins les sages amendemens de la Commission de la Chambre des Députés. Ce projet incomplet a été voté par la Chambre des Pairs, le 1er mars, et est soumis aujourd'hui à la Chambre des Députés. Mais, tout en posant le principe d'égalité civile et politique, ce projet, avec ses restrictions, s'écarte trop du but qu'on se propose, pour qu'il ne soit pas modifié par la Chambre. L'affranchissement étant aussi un principe, il faut le consacrer par la loi, et dès-lors en régler l'exercice et ne pas le laisser au bon plaisir et au caprice ministériels. S'il en était autrement, on s'éloignerait de plus en plus de la fusion que l'on veut opérer aux Colonies, et, loin de tranquilliser les esprits, on y jetterait de l'inquiétude, on exciterait des défiances et l'on ferait supposer des arrière-pensées au Gouvernement. L'expérience du passé ne justifie que trop malheureusement ces légitimes défiances : c'est à l'aide de semblables restrictions et autres moyens analogues qu'on était parvenu, dans les bureaux de la marine, à annihiler les dispositions de l'édit de 1685 (*le Code noir*) sur les droits des hommes de couleur et sur l'affranchissement des esclaves.

Déjà ne voyons-nous pas l'ordonnance du 12 juillet 1832, violée à la Martinique, dans une de ses principales dispositions. L'article 6 de cette ordon-

nance s'exprime ainsi : « Les divers actes relatifs
» à l'affranchissement ne sont soumis qu'au *droit*
» *fixe d'un franc.* » Eh bien ! le Gouverneur de la
Martinique n'a pas craint de porter ce même droit
à 5 francs, et voici comme il justifie cet acte qui
pourrait être sévèrement qualifié.

« Vu l'ordonnance du 12 juillet 1832....

» Attendu que l'on ne peut imposer aux offi-
» ciers de l'état civil l'obligation de recevoir les
» déclarations d'affranchissement, d'en rédiger les
» extraits, de les afficher et de dresser procès-ver-
» bal de l'accomplissement de cette formalité,
» sans allouer un salaire proportionné à l'aug-
» mentation de travail qui en résulte ;

» AVONS ARRÊTÉ ET ARRÊTONS ce qui suit :

» Il est alloué, à titre d'honoraires, aux offi-
» ciers de l'état civil, *cinq francs* pour chaque
» déclaration d'affranchissement qu'ils recevront ;
» cette dépense sera supportée par les parties.

» Au moyen de cette allocation, les officiers de
» l'état civil seront chargés de rédiger l'extrait,
» qui devra être affiché, etc., etc. »

Cet impôt d'un franc, pour l'affranchissement,
déterminé en dehors d'une loi spéciale, sembla
au Gouverneur de la Martinique trop faible
ou plutôt trop favorable ; aussi il n'hésita pas ;

comme on le voit, à l'augmenter, sans même se
donner la peine d'en prévenir le Ministère de la
marine. Ce Gouverneur serait passible d'accusa-
tion, si l'ordonnance du 12 juillet, violatrice de
la Charte, n'était elle-même une excuse pour lui.
Cette fureur d'illégalité doit avoir pourtant un
terme; la loi seule peut le fixer, et ce sera aussi le
meilleur moyen de ne pas éterniser les diverses
classes aux Colonies, et d'offrir à celle des *libres de
fait* l'occasion de sortir de cet état précaire qui
n'est ni la liberté, ni l'esclavage. Pour arriver à
ce résultat, l'ordonnance du 12 juillet doit être
convertie en loi, si l'on veut que l'ensemble de ses
dispositions reste immuable.

DU PROJET DE LOI RELATIF AU RÉGIME LÉGISLATIF.

La rédaction de ce projet de loi est combinée de
manière à détruire tout ce que la première loi sur
les droits civils et politiques fait entrevoir de liberté aux hommes de couleur; ce projet tend à
perpétuer leur isolement de l'exercice des droits
politiques. S'il pouvait être voté par la Chambre
tel qu'il est, nous n'hésiterions pas à en solliciter
le rejet; car l'état actuel est préférable, puisqu'il
nous laisse l'espoir d'une amélioration prochaine
que nous enlèverait pour long-temps encore l'a-
doption d'un tel projet. En approfondissant la
pensée secrète qui a présidé à sa rédaction, on

verra partout percer la volonté arrêtée d'enlever aux hommes de couleur la possibilité de l'exercice de droits dont on est forcé de proclamer le principe. Peu de mots prouveront que l'on veut moins notre liberté que river législativement nos fers.

Par exemple, il est convenu que les hommes de couleur jouiront, avec les blancs, des mêmes droits politiques ; mais on a soin de fixer un cens électoral qui les empêchera de les exercer ; de telle sorte que les fonctions de conseillers coloniaux continueront, comme par le passé, d'être le patrimoine de quelques familles privilégiées, de quelques colons blancs ; c'est l'ancien régime légalisé avec tout son odieux préjugé de castes.

En effet, la déception frappe les yeux de tous. A Cayenne et à Bourbon la population blanche est en nombre infiniment supérieur à celle des hommes de couleur : on fixe à un taux moins élevé le cens électoral et d'éligibilité, parce que là, la concurrence des hommes de couleur n'est nullement à redouter. Ils ne parviendront à être membres du conseil colonial que par pure concession.

A la Martinique et à la Guadeloupe, où la population des hommes de couleur est en majorité, mais ne possède que la moyenne fortune, on élève le même cens à un taux qui doit naturellement les exclure du conseil colonial ; au moyen de cette élévation du cens, un très-petit nombre d'hommes de couleur pourra arriver dans les col-

léges électoraux. Le rapporteur de ce projet de loi
à la Chambre des Pairs, M. Gautier lui-même,
après avoir fait le dénombrement de la population
sur les renseignemens authentiques fournis par le
ministère de la marine, a indiqué la déception que
nous signalons dans ce projet; il a déclaré que :
» La loi proposée n'appelait les hommes de cou-
» leur à la participation aux droits électoraux que
» dans la proportion du *septième* du nombre des
» électeurs, *proportion*, a-t-il ajouté, *très-faible,*
» *relativement au rapport de leur nombre avec la*
» *population libre.* »

Si, d'un autre côté, il est des institutions dans
lesquelles les hommes de couleur peuvent être appelés à jouer un rôle, la combinaison est telle
qu'ils en sont encore exclus. C'est ainsi que l'organisation de la garde nationale, dans laquelle ils
peuvent arriver aux commandemens par voie d'é-
lection, est laissée au domaine des ordonnances.

De même l'organisation et le régime municipal
sont laissés aux soins des conseils coloniaux qui,
ainsi que je l'ai démontré, ne seront uniquement
composés que de colons blancs, peu disposés à être
plus libéraux que le ministère de la marine.

Dans son exposé des motifs, M. le Ministre ne
craint pas de dire que « les attributions à in-
» troduire dans la condition des personnes non-
» libres qui, *primitivement*, avaient été classées
» parmi les attributions des Conseils coloniaux,

» sont mises, dans le nouveau projet, au nom-
» bre des attributions du pouvoir royal. »

Nous voyons cependant tout le contraire dans
le projet ministériel présenté à la session dernière. L'article 3 de ce projet porte : « *Il sera
statué par ordonnances royales sur les améliorations à introduire dans la condition des personnes
non libres.* » C'est encore avec cette même rédaction que M. le Ministre l'a présenté, cette session, à la Chambre des Pairs, et que cette
Chambre l'a voté. Mais M. le Ministre ne dit
pas tout dans son exposé des motifs. Alors même
qu'il prétend *se conformer au vœu de la Commission de la Chambre des Députés*, exprimé
lors de la dernière session, sur ce qui est relatif
au régime législatif, il supprime de l'article 2 :
« *les règles à suivre pour les concessions d'affranchissement*, » qui, *primitivement*, avaeint été
par lui laissées au domaine de la législature, pour
les reporter exclusivement au domaine des ordonnances ; méconnaissant ainsi par là, et ses pre-
miers travaux, et *le vœu* de cette Commission
de la Chambre auquel il prétend se conformer,
et enfin l'article 64 de la Charte. Il suit de cette
discordance entre l'exposé des motifs et le projet
de loi, ou, qu'il y a déception de la part de
M. le Ministre, ou ignorance du travail de ses
bureaux. Cette dernière pensée est plus naturelle, et rappelle ce mot d'un ancien député,

sous la restauration, qui disait à la tribune :
« Ce ne sont pas toujours les Ministres qui font
les rapports au Roi. »

Les articles 2 et 3 contiennent l'énumération
des matières sur lesquelles le pouvoir législatif
et les ordonnances royales auront à statuer. Mais
ce dernier article nous paraît trop étendu, en ce
qu'il viole l'article 64 de la Charte, qui veut que
les Colonies soient régies par des Lois, et non plus
par des ordonnances. Le pouvoir de statuer par
ordonnances ne doit être exercé, aux Colonies
comme en France, que pour l'exécution des lois.
Il faut vouloir franchement l'exécution de la
Charte de 1830, et ne pas emprunter de l'art. 73
de la Charte de 1814 son régime des *règlemens*
que la révolution de juillet a biffé pour toujours.

L'article 4 offre une élasticité effrayante pour
les amis de la liberté. Le rédacteur a bien soin,
à l'article 2, de stipuler, matière par matière,
ce qui est du ressort des Chambres, et de laisser
par l'article 4, en n'énumérant aucune spécia-
lité, un champ trop vaste à l'arbitraire. Cet article doit décrire un cercle d'attributions au-delà
duquel il ne soit pas permis au Conseil colonial
de sortir. Au surplus, c'est ce que l'année dernière, le Ministre lui-même avait proposé, et
ce que la Commission de la Chambre des Députés
avait adopté. Voyez le rapport de M. Passy.

Les articles 20 et 21 traitent du cens électoral et d'éligibilité ; et pour avoir l'air très-libéral en faveur des colonies, on y fait entrer comme complément de cens la propriété mobilière ; mais si M. le Ministre paraît oublier qu'aux colonies *l'esclave* est considéré comme *meuble*, la Chambre doit s'en souvenir et ne pas permettre qu'un *homme*, même dans l'état de servitude, soit considéré comme *chose*, et puisse concourir à assurer, sur la tête de son possesseur, la faculté du droit électoral et d'éligibilité. Nous l'avons dit quelque part, et nous le répétons encore : un droit qui naîtrait de la violation des lois humaines et des souffrances des misérables, serait à jamais vicié dans son essence et incompatible avec les idées de liberté qui s'étendent chaque jour ; il mettrait des entraves à l'affranchissement ; car aucun propriétaire *d'hommes* ne consentirait à accorder la liberté, lorsque cette concession de sa part le priverait du droit d'être électeur ou éligible.

Le double cens de 300 et 600 fr. est fixé si haut, que, loin d'être un droit pour les hommes de couleur, il devient un privilége pour les colons blancs, puisque ceux-ci sont seuls en possession de la grande fortune et seuls en possibilité de payer des impôts si élevés. Il y a une cruelle ironie à dire à un homme : tu es libre, mais tu ne jouiras de ta liberté qu'à des conditions que tu ne pourras accomplir.

La législation actuelle aux colonies n'admet pas de cens électoral ; les blancs seuls jouissent des droits civils et politiques. Pour être électeur, il suffit d'être officier de milice ; et les blancs seuls étaient en possession de ces grades. Mais comme aujourd'hui les hommes de couleur sont nommés officiers de milice et qu'ils peuvent être appelés à voter s'il y avait élection, on leur enlève cette faculté en leur imposant un cens inabordable pour eux, 3oo fr. !!!

En même temps qu'on veut imposer des conditions exorbitantes pour le cens électoral, on double, celui d'éligibilité, qui à l'heure qu'il est, n'est que de 3oo fr. pour toutes les colonies. Aujourd'hui on a soin de le varier suivant les localités, lorsque le système actuel a une uniformité plus juste et plus naturelle. En France, le cens est le même pour le nord comme pour le midi ; pourquoi donc le varie-t-on pour les quatre colonies ? Je crois en avoir expliqué plus haut le motif secret. Il est convenu, en certains lieux, qu'on accordera d'un côté aux hommes de couleur la jouissance des droits politiques, mais qu'on leur enlevera de l'autre l'exercice de ce droit. Si la loi proposée était votée, c'en serait fait des libertés des hommes de couleur.

Dans l'intérêt de mon pays, dans celui de la France, je supplie la Chambre d'amender les articles 2, 3, 4, 20 et 21 du projet de loi qui lui est soumis; de maintenir pour toutes les colonies, le cens d'éligibilité de la législation en vigueur, celui créé par la restauration, 3oo fr., et de fixer un cens électoral en rapport avec ce chiffre.

Ces articles devraient être amendés dans ce sens :

ARTICLE 2.

Seront faites par le pouvoir législatif du royaume :

1º Les lois relatives à l'exercice des droits politiques;

2º Les lois civiles et criminelles concernant les personnes libres, et les lois pénales déterminant pour les personnes non libres les crimes auxquels *les peines afflictives et infamantes sont applicables;*

3º Les lois qui régleront les pouvoirs spéciaux des gouverneurs en ce qui est relatif aux mesures de haute police et de sûreté générale.

4º Les lois sur l'organisation judiciaire et administrative, le régime municipal *compris :*

5º Les lois sur le commerce, le régime des douanes, et la répression de la traite des noirs;

6º Les lois sur la police de la presse;

7º Les lois sur l'instruction publique;

8º Les lois sur l'organisation et le service *de la garde nationale,* le principe de l'intervention des gardes-nationaux dans le choix de leurs officiers, reconnu;

9º Les lois sur les conditions et les formes des affranchissemens, ainsi que sur les recensemens;

10º Les lois sur les améliorations à introduire dans la condition des personnes non libres;

11• Toutes les autres lois réglant les relations entre la métropole et les colonies.

ARTICLE 3.

Il sera statué par ordonnances royales, les conseils coloniaux ou leurs délégués préalablement entendus, sur toutes les matières qui, en France, ne sont pas encore régies par des lois, sans que dans aucun cas puisse être restreint, le droit d'initiative qui appartient aux Chambres.

ARTICLE 4.

Seront reglés par des décrets rendus par le conseil colonial, sur la proposition du Gouverneur :

1° Les recettes et les dépenses municipales;

2° Les plantations des vivres;

3° Les travaux publics;

4° Les routes royales;

5° Les chemins vicinaux et de passage;

6° La police rurale;

7° Les desséchemens, les concessions et la santé publique;

8° Les banques et comptoirs d'escompte, les emprunts, acquisitions, échanges ou aliénations d'immeubles;

9° Les bureaux de bienfaisance, les hospices et les prisons.

10° Les encouragemens à donner à l'instruction primaire;

11• Les récompenses à accorder pour les services signalés rendus à la colonie;

12° L'assietté et la répartition de l'impôt, et le budget colonial.

ARTICLE 20.

Sera électeur tout Français âgé de 25 ans accomplis, né dans la colonie, ou qui y sera domicilié depuis deux ans, jouissant des droits civils et politiques, payant en contributions directes, sur les rôles de la colonie, 150 fr. ou justifiant qu'il possède dans la colonie des propriétés immobilières d'une valeur de 15,000 fr. Néanmoins, si le nombre des électeurs ne s'élève pas à cent, dans chaque collége, ce nombre sera complété, en appelant les citoyens les plus imposés au-dessous de 150. fr.

ARTICLE 21.

Sera éligible aux fonctions de membre du conseil colonial, tout électeur âgé de 30 ans accomplis, payant en contributions directes 300 fr., ou justifiant qu'il possède dans la colonie des propriétés immobilières d'une valeur de 30,000.

BISSETTE,

Mandataire des hommes de couleur de la Martinique.

Paris, ce 25 mars 1833.